Koordination mit der Interkantonalen Lehrmittelzentrale

Autorenteam
Katrin Bölsterli Bardy
Patric Brugger
Maja Brückmann
Eva von Fischer
Thomas Flory
Maria Jakober
Susanne Metzger
Lorenz Möschler
Nicole Müller
Stephanie Naki
Christof Oser
Gaby Schweizer
Nicole Schwery
Sebastian Tempelmann
Markus Vetterli
Juliette Vogel
Claudia Zenklusen
Annina Zollinger

Fachliche und fachdidaktische Beratung
Maja Brückmann, PH Zürich
Thomas Flory, Naturama Aarau
Marianne Gujer, éducation21, Bern
Matthias Hoesli, PH Luzern
Barbara Jaun, PH Bern
Katharina Kalcsics, PH Bern
Patrick Kunz, PH St. Gallen
Susanne Metzger, PH Zürich und PH FHNW
Eugen Müller, MeteoSchweiz, Zürich
Barbara Rödlach, éducation21, Bern
Markus Vetterli, PH Zürich
Juliette Vogel, Globe Schweiz, Bern
Doris Wäfler, Bern
Markus Wilhelm, PH Luzern
Hans Peter Wyssen, Schulverlag plus, Bern

Entwicklungs- und Erprobungsarbeiten
Wir danken allen Personen, die uns bei der Entwicklung der Materialien mit Informationen, Abklärungen, Hinweisen, Unterlagen und Gesprächen unterstützt haben.

Projektleitung
Bruno Bachmann

Lektorat
Maria Jakober, Text Umwelt, Stalden
Gaby Schweizer, Pfaffhausen

Herstellung
Michael Scheurer

Korrektorat
Stämpfli AG, Bern

Rechteabklärungen
Katja Iten

Grafische Konzeption und Gestaltung
Marion González
fischer design, Würenlingen

Grafisch konzeptionelle Beratung
Mischa Kulhánek, Schule Oftringen

Illustrationen
Julien Gründisch, Baden
Karin Widmer, Bern
Marion González, Würenlingen

Satz- und Bildbearbeitung
würmlibicker gmbh, Baden

Bildbearbeitung Umschlag
Widmer & Fluri GmbH, Zürich

Schulverlag plus AG, Bern
Lehrmittelverlag Zürich

© 2017
Schulverlag plus AG,
Lehrmittelverlag Zürich
2. korrigierte Auflage 2018

Schulverlag plus AG
Art.-Nr. 86095
ISBN 978-3-292-00811-4
www.schulverlag.ch

Lehrmittelverlag Zürich
Art.-Nr. 266 003.00
ISBN 978-3-03713-719-2
www.lmvz.ch

www.na-tech.ch

Nicht in allen Fällen war es dem Verlag möglich, den Rechteinhaber ausfindig zu machen. Berechtigte Ansprüche werden im Rahmen der üblichen Vereinbarungen abgegolten.

Das Werk und seine Teile sind urheberrechtlich geschützt. Nachdruck, Vervielfältigung jeder Art oder Verbreitung – auch auszugsweise – bedarf der vorherigen schriftlichen Genehmigung des Verlages.

MIX
Papier aus verantwortungsvollen Quellen
FSC® C110508

Liebe Schülerin, lieber Schüler

Hast du bereits in diesem Buch geblättert? Was gefällt dir am besten? Was interessiert dich besonders?

Im Unterricht erkundest du Spannendes aus der Natur und der Technik. In diesem Buch kannst du mehr dazu lesen und mit anderen Schülerinnen und Schülern über das sprechen, was du untersucht und erforscht hast. Das machen Forscherinnen und Forscher auch so: Sie untersuchen spannende Dinge. Sie lesen, was andere beschrieben haben, und reden über das, was sie interessiert und was sie erforschen.

Viel Spass und Erfolg beim Erkunden, Entdecken und Forschen.

Liebe Lehrerin, lieber Lehrer

Das Themenbuch ist ein Teil des ganzen Lehrmittels **NaTech 3|4**. Im Kommentar für Lehrpersonen, dem Kommentar online, beschreiben Aufgabensets, wie Sie mit den Schülerinnen und Schülern in ein Thema eintauchen können. Dabei beziehen Sie die Erfahrungen und das Vorwissen aus der Lebenswelt der Kinder mit ein.

Das Themenbuch, das vor Ihnen liegt, wird meist erst in einer zweiten Phase des Unterrichtsablaufs eingesetzt. Damit werden wichtige Konzepte und Zusammenhänge nochmals aufgezeigt und die Themen mit Fragen vertieft und geübt. Die Kinder bringen also bereits Vorwissen und Erkenntnisse mit, wenn sie die Texte und Abbildungen im Buch für sich erschliessen.

Viel Spass und Erfolg beim Entdecken und Forschen im Bereich von Natur und Technik zusammen mit Ihren Schülerinnen und Schülern.

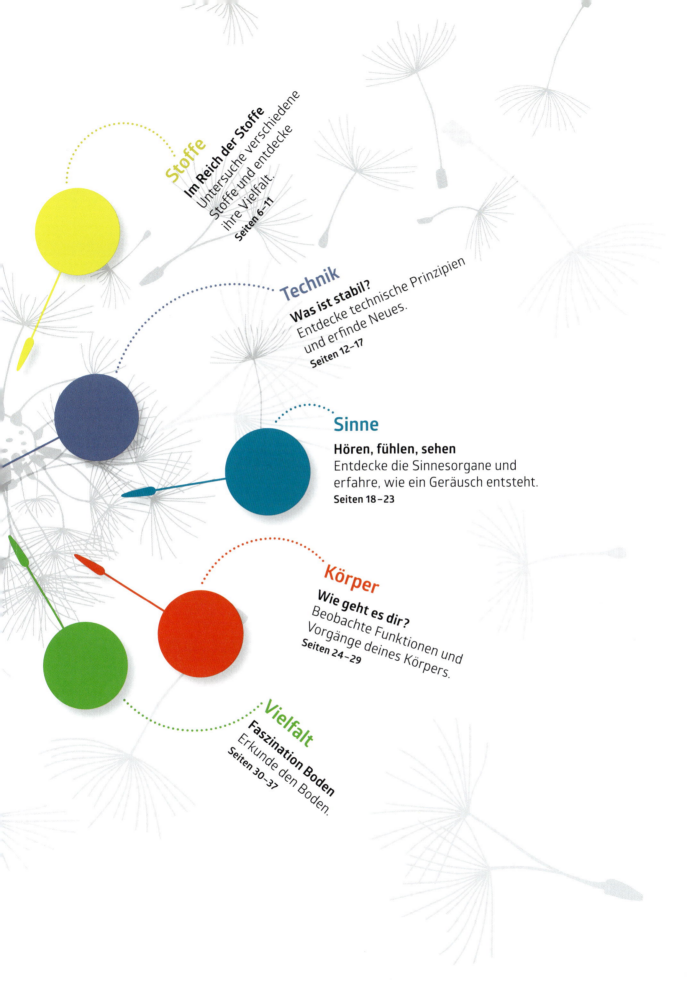

Stoffe
Im Reich der Stoffe
Untersuche verschiedene Stoffe und entdecke ihre Vielfalt.
Seiten 6–11

Technik
Was ist stabil?
Entdecke technische Prinzipien und erfinde Neues.
Seiten 12–17

Sinne
Hören, fühlen, sehen
Entdecke die Sinnesorgane und erfahre, wie ein Geräusch entsteht.
Seiten 18–23

Körper
Wie geht es dir?
Beobachte Funktionen und Vorgänge deines Körpers.
Seiten 24–29

Vielfalt
Faszination Boden
Erkunde den Boden.
Seiten 30–37

Stoffe · NaTech 3|4

Im Reich der Stoffe

Untersuche verschiedene Stoffe und entdecke ihre Vielfalt.

1. Aus welchen Materialien bestehen die abgebildeten Gegenstände?
2. Gibt es mehrere Gegenstände aus dem gleichen Material? Welche?
3. In welchem Container müsstest du die Abfallstücke entsorgen?
4. Gibt es auch flüssige oder gasförmige Abfälle? Nenne, was dir in den Sinn kommt.

Eigenschaften entdecken

Stoffe haben verschiedene Eigenschaften. Daran kannst du sie erkennen. Je nach ihren Eigenschaften kannst du Stoffe bearbeiten, mischen und wieder trennen.

Untersuche Stoffe und ihre Eigenschaften.

Ein Stoff kann verschieden aussehen. Damit du feststellen kannst, ob es der gleiche Stoff ist, musst du seine Eigenschaften untersuchen. Solche Eigenschaften sind zum Beispiel:

- die Temperatur, bei der ein Stoff schmilzt oder verdampft
- ob er magnetisch ist
- ob er verformbar ist
- ob er Strom leitet

Die Eigenschaften eines Stoffes bestimmen, wie wir den Stoff nutzen können. Zum Beispiel wäre eine Gabel aus Gummi nicht sehr zweckmässig, weil sie sich zu stark verformt. Auch eine Pfanne aus Plastik wäre nicht praktisch.

Stoffe bearbeiten

Stoffe kannst du bearbeiten. Du kannst sie zum Beispiel zerkleinern, verdampfen oder schmelzen. Der Stoff selber verändert sich dabei nicht. Seine Eigenschaften bleiben erhalten. Du kannst Stoffe auch miteinander mischen. Ein Gemisch kann man wieder in die ursprünglichen Stoffe auftrennen. Um Stoffe zu trennen, nutzt man ihre unterschiedlichen Eigenschaften.

1. Auf welchen Bildern wird etwas zerkleinert, gemischt oder getrennt?
2. Auf welchen Bildern wird der Stoff fest, flüssig oder gasförmig?
3. Nenne eigene Beispiele.

1. Beschreibe das Material links und das Material rechts. Handelt es sich um den gleichen Stoff? Vermute!
2. Wie könntest du herausfinden, ob es sich auf beiden Bildern um den gleichen Stoff handelt?

Stoffe · Im Reich der Stoffe

Untersuche Luft

Alle Stoffe sind aus kleinen Teilchen aufgebaut. Das ist auch bei der Luft so. Die Teilchen der Luft brauchen Platz.

Erfahre Spannendes über Luft.

Die Teilchen in einem Stoff sind so klein, dass man sie nicht einmal mit einem Mikroskop sehen kann. Bei gasförmigen Stoffen wie Luft sind die Teilchen überall verteilt. Sie sind frei beweglich und brauchen viel Platz. Sie können andere Stoffe sogar wegdrücken.

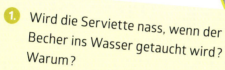

1. Wird die Serviette nass, wenn der Becher ins Wasser getaucht wird? Warum?
2. Probiere es aus.

Wenn die Luft warm ist, braucht sie noch mehr Platz. Sie dehnt sich aus und wird dadurch leichter. Deshalb steigt warme Luft nach oben. Das spürst du im Winter auch in deiner Wohnung: Halte deine Hände über einen Heizkörper und du spürst sofort die aufsteigende warme Luft. Hältst du die Hände unten an den Heizkörper, spürst du die warme Luft nicht. Sie sinkt nie nach unten.

3. Warum hebt ein Heissluftballon ab?

Untersuche Wasser

Wasser kennst du in verschiedenen Formen: als flüssiges Wasser, als Eis und als Wasserdampf. Flüssiges Wasser ist für uns lebenswichtig.

Erfahre Spannendes über Wasser.

Fast alle Stoffe können fest, flüssig oder gasförmig sein. In welchem Zustand der Stoff ist, hängt von der Temperatur ab. Temperatur wird in Grad Celsius (°C) gemessen.

Unter 0 °C erstarrt das Wasser zu festem Eis. Bei höheren Temperaturen ist es flüssig. Es verdampft bei etwa 100 °C zu Wasserdampf. Aber auch bei kühleren Temperaturen kann Wasser in Wasserdampf übergehen. Zum Beispiel, wenn Wäsche trocknet. Man sagt dann: Das Wasser verdunstet. Andere Stoffe verändern ihren Zustand bei anderen Temperaturen. Manche Metalle schmelzen erst ab 1000 °C. Luft ist bereits bei minus 190 °C ein Gas.

1. Wo auf dem Bild hat es flüssiges, gasförmiges oder festes Wasser?

Wasser in drei Zuständen

Festes Wasser: Eis   **Flüssiges Wasser**   **Gasförmiges Wasser: Dampf**

schmelzen → / ← erstarren   verdampfen / verdunsten → / ← kondensieren

Wasser löst Stoffe

Flüssiges Wasser eignet sich zum Waschen. Denn in Wasser kann man viele Stoffe lösen. Lösen heisst, dass sich die Teilchen eines Stoffes gleichmässig im Wasser verteilen. Kleckerst du Sirup auf dein T-Shirt, reicht es, das T-Shirt im Wasser einzuweichen. Der Sirup löst sich im Wasser, der Fleck geht weg. Andere Stoffe lösen sich nicht im Wasser. Das sind meist fettige oder ölige Stoffe. Ein Ölfleck geht nicht weg, wenn du das T-Shirt ins Wasser legst.

Untersuche Boden

Jeder Boden ist ein Gemisch aus verschiedenen Feststoffen. Dieses Gemisch kann man trennen. Es braucht dafür passende Trennmethoden wie Sieben, Abschlämmen und Filtrieren.

Es gibt verschiedene Böden. Manche sind körnig und locker, andere fest. Dies hängt davon ab, woraus der Boden zusammengesetzt ist.

Erfahre Spannendes über Boden.

Die Bestandteile von Böden

Ton
Teilchen von Auge nicht mehr sichtbar

Feste, pampige Böden bestehen hauptsächlich aus Steinkörnchen, die so fein sind wie Staub. Man nennt sie Ton. Aus Ton kann man Geschirr herstellen.

Sand
Teilchen 2 mm und kleiner

Lockere Böden bestehen hauptsächlich aus Sand. Sand besteht aus etwas grösseren Steinkörnchen als Ton. Aus Sand kann man Glas herstellen.

Kies
Teilchen zwischen 2 mm und Faustgrösse

Der Boden enthält auch Steine. Sind sie etwa so gross wie deine Faust oder kleiner, nennt man sie Kies. Kies braucht man zum Beispiel als Unterlage für Strassen und Wege.

Stoffe trennen
Möchtest du verschiedene Stoffe voneinander trennen, überlegst du dir, wie sich diese Stoffe unterscheiden.

Ist einer der Stoffe flüssig?
Dann kannst du diesen verdunsten lassen oder mit einem Filter abtrennen.

Haben die beiden Stoffe unterschiedlich grosse Körnchen?
Dann kannst du sie mit einem Sieb trennen oder abschlämmen. Abschlämmen ist ein bisschen wie waschen. Man gibt Wasser zum Gemisch und rührt gut um. Die leichteren Teilchen verteilen sich besser im Wasser und können so von den schwereren Teilchen getrennt werden.

1. Wie kannst du aus diesem Boden Ton gewinnen?

Was ist stabil?

Entdecke technische Prinzipien und erfinde Neues.

1. Silvan hat eine Brücke gebaut. Wie kann er sie verbessern, damit sie mehrere Tage erhalten bleibt?

2. Wie werden grosse Brücken gebaut, damit sie halten? Beschreibe, was du auf den Bildern siehst.

Brücken bauen

Wer genau beobachtet, findet in Bauwerken Regeln für gutes Bauen.

Entdecke Konstruktionsprinzipien.

1. Beschreibe, weshalb die abgebildeten Gegenstände und Bauten nicht zusammenbrechen.
2. Baue aus vier Blatt Papier eine Brücke, die möglichst viel Gewicht trägt.

Formen untersuchen

Verschiedene Formen sind unterschiedlich stabil. Sie geben Bauwerken eine Struktur.

Untersuche die Stabilität unterschiedlicher Formen.

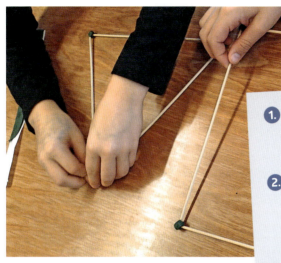

1. Lege aus Holzspiessen verschiedene Formen. Verbinde die Ecken zum Beispiel mit Plastilin.
2. Richte jede Form senkrecht auf: Hält sie? Drücke auf die Ecken: Hält die Form immer noch? Welche Form bleibt unverändert steif?

Strukturen

Strukturen sorgen dafür, dass Bauten halten. Auch in der Natur kommen Strukturen vor. Die Zickzack-Faltung der Fächerpalme ist ein Beispiel. Die Faltung versteift die Blätter.

1. Beschreibe die Struktur dieses Gebäudes. Welche Form hilft mit, dass das Gebäude stabil bleibt und nicht in sich zusammenfällt?
2. Baue aus Holzspiessen und Bandkitt einen möglichst hohen und stabilen Turm. Der Turm muss einem Rütteltest standhalten. Die Stabilität ist wichtiger als die Höhe.

Erkunde den Fallschirm.

Die Luft nutzen

Dank der Technik kann der Mensch die Luft für sich nutzen. Fallschirme sind ein Beispiel.

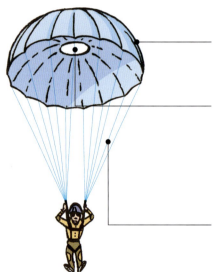

Die Teile des Fallschirms

Schirm
Der Schirm bremst den freien Fall ab.
Die Grösse des Schirms ist wichtig.

Loch
Oben am Schirm hat es ein Loch. Das Loch lässt Luft durch. So entweicht Luft nicht irgendwo auf die Seite. Das würde nämlich den Schirm ins Schwanken bringen, und er könnte zusammenklappen.

Fangleinen
Durch die Fangleinen ist der Mensch mit dem Schirm verbunden.

Fallschirme bringen Menschen aus grosser Höhe unverletzt auf den Boden. Der Schirm bremst den Fall in der Luft sehr stark ab. Damit der Schirm sicher ist, müssen seine Teile die richtige Grösse und Stärke haben.

Früh erfunden – erst jetzt getestet

Der italienische Erfinder Leonardo da Vinci zeichnete vor über 500 Jahren den ersten Fallschirm. Schon vor ihm hatte jemand eine ähnliche Idee, den Schirm jedoch viel zu klein gezeichnet. Erst Leonardo da Vinci errechnete die Schirmgrösse richtig. Im Jahr 2000 baute ein englischer Fallschirmspringer den Fallschirm nach. Und tatsächlich: Leonardo da Vinci hatte alles richtig berechnet. Der Schirm funktionierte!

1. Der Fallschirm von Leonardo da Vinci ist starr und 85 kg schwer. Siehst du Vor- und Nachteile?
2. Wieso sind heutige Schirme aus leichtem Material?

Wie entstand die Idee?

Erfindungen prägen unseren Alltag. Die Geschichten zu diesen Erfindungen sind spannend.

Lerne Erfindungen kennen und erfinde selbst.

Klettverschluss

Der Schweizer Georges de Mestral liebte lange Spaziergänge mit seinen Hunden. Nach den Spaziergängen entdeckte er oft die Früchte der Klette im Fell der Hunde. Er legte die Früchte unter sein Mikroskop und entdeckte daran winzige elastische Häkchen. Diese Häkchen brachen auch dann nicht ab, wenn er die Früchte aus dem Fell der Hunde rupfte. Mestral nahm die Häkchen zum Vorbild und entwickelte den Klettverschluss.

Papiertaschen

Vor über 150 Jahren sahen Papiertragtaschen anders aus als heute: Sie glichen grossen Briefumschlägen. Die Amerikanerin Margaret E. Knight fand das sehr unpraktisch und suchte nach anderen Lösungen. Sie erfand eine Maschine, die Tragtaschen mit einem Boden faltete. Noch heute werden Papiertragtaschen so produziert.

1. Wie kam es zur Erfindung der Papiertragtasche mit Boden? Wie zum Klettverschluss?
2. Vermute, wie der Einkaufswagen, das Stethoskop oder der Staubsauger erfunden worden sind.

Sinne · Hören, fühlen, sehen

Können Tiere und Pflanzen fühlen?

Alle Lebewesen können ihre Umgebung wahrnehmen und auf Reize reagieren. Sie tun das auf ganz unterschiedliche Weise.

Erforsche die Reaktion von Tieren und Pflanzen.

Pflanzen haben keine Augen, Nasen oder Ohren. Sie nehmen aber trotzdem Dinge wahr. Besonders wichtig ist für die Pflanzen das Licht. Denn ohne Licht können Pflanzen nicht leben. Sie wachsen deshalb immer dem Licht entgegen.

Viele Tiere haben ähnliche Sinnesorgane wie wir. Auch sie können damit hören, fühlen, sehen, riechen, schmecken und spüren, wo oben und unten ist. Für viele Tiere ist ein Sinn besonders wichtig. Das wichtige Sinnesorgan ist dann besonders ausgeprägt.

1. Mit welchem Sinn nehmen diese Tiere ihre Umgebung wohl besonders gut wahr?
2. Warum ist dieser Sinn für das Tier besonders wichtig?

Pflanzen und Tiere sind Lebewesen. Gehe als Forscherin oder Forscher sorgsam mit ihnen um.

Augen auf!

Die Augen sind für uns Menschen sehr wichtige Sinnesorgane. Deshalb sind sie besonders gut geschützt.

Deine Augen liegen gut geschützt in den Augenhöhlen, während Nase und Ohren eher vom Gesicht abstehen. Doch nicht nur die Lage schützt die Augen vor Gefahren. Auch andere Teile der Augen wirken als Schutz.

Lerne die Teile des Auges kennen.

Das Auge

Augenbraue und Wimpern
Die Augenbraue und die Wimpern fangen Staub auf.

Augenlid
Das Augenlid deckt das Auge, sobald etwas in die Nähe kommt.

Bindehaut
Die Bindehaut überzieht die Innenseite der Augenlider und das Augenweiss unter den Lidern.

Tränenflüssigkeit
Die Tränenflüssigkeit wäscht störende Stoffe und Krankheitserreger heraus.

Hornhaut
Die Hornhaut ist die äusserste Schicht des Auges. Sie bedeckt die Pupille und die farbige Iris und schützt das Auge vor Wind, Regen oder Krankheitserregern.

Augen im Tierreich

1. Findest du Wimpern, Augenlid oder Augenbraue?

Sinne · Hören, fühlen, sehen

Wie hören wir?

Töne, Geräusche und Klänge versetzen die Luft in Schwingung.
Diese Schwingungen kann unser Ohr aufnehmen.
Man nennt die Schwingungen Schall.

Entdecke, wie der Ton zum Ohr kommt.

Damit ein Ton oder ein Geräusch entsteht, muss etwas ganz schnell schwingen. Schwingen bedeutet bei der Luft, dass sich winzige Luftteilchen rasch hin- und herbewegen. Sie geben die Bewegung weiter. Schall entsteht.

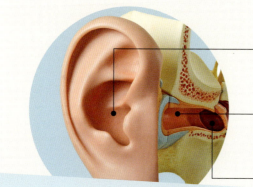

Das Ohr

Ohrmuschel
Die Ohrmuschel fängt die Schwingung der Luft auf.

Gehörgang
Der Gehörgang leitet die Schwingung der Luft weiter.

Trommelfell
Das Trommelfell schwingt mit.

1. Womit könnten deine Ohrmuscheln den Schall noch besser auffangen? Probiere es aus.

Auch Materialien leiten Schall

Delfine und Wale haben keine Ohrmuscheln. Sie können trotzdem gut hören. Den Schall nehmen sie über den Unterkiefer auf. Dies funktioniert, weil Schall sich nicht nur durch die Luft ausbreitet. Er versetzt auch Materialien in Schwingung.

2. Kannst du auch über deine Knochen hören? Schlage eine Stimmgabel an und halte sie an deine Stirn.

3. Welche Materialien schwingen besonders gut und erzeugen Töne? Probiere es aus.

NaTech 3|4

Laute und leise, hohe und tiefe Töne

Laute Töne entstehen bei ganz starken Schwingungen. Hohe Töne entstehen, wenn die Schwingungen ganz schnell sind.

Erkunde verschiedene Töne.

1. Wie kannst du mit einem Instrument laute Töne machen? Wie machst du einen leisen Ton?
2. Bei welchem Trommler tönt es wohl lauter? Warum?
3. Welche Glocke klingt am tiefsten, welche am höchsten?

Wenn die Luft etwa 20- bis 16 000-mal in einer Sekunde schwingt, können Menschen den Ton hören. Schwingt die Luft langsam, ist der Ton sehr tief. Schwingt sie schnell, ist der Ton sehr hoch. Kinder können höhere Töne wahrnehmen als Erwachsene.

Meister der hohen und tiefen Töne
Viele Tiere hören tiefere oder höhere Töne als der Mensch. Blauwale und Elefanten kommunizieren mit sehr tiefen Tönen, die wir Menschen nicht mehr alle hören.
Fledermäuse und Delfine hingegen sind die Meister der hohen Töne: Ihre Laute sind so hoch, dass selbst Kinder sie oft nicht hören. Man nennt diese Töne Ultraschall.

Wie geht es dir?

Beobachte Funktionen und Vorgänge deines Körpers.

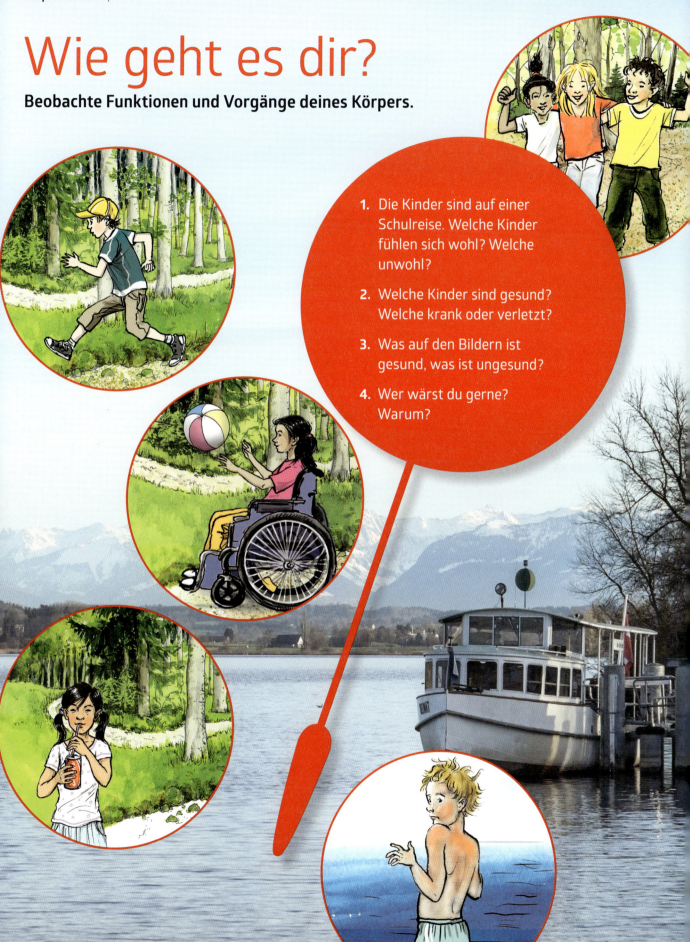

1. Die Kinder sind auf einer Schulreise. Welche Kinder fühlen sich wohl? Welche unwohl?
2. Welche Kinder sind gesund? Welche krank oder verletzt?
3. Was auf den Bildern ist gesund, was ist ungesund?
4. Wer wärst du gerne? Warum?

Fit mit Essen und Trinken

Wenn du genug und ausgewogen isst und trinkst, hat dein Körper genügend Energie zum Rennen, Wandern oder Nachdenken. Ausgewogen essen bedeutet: Du isst, was dein Körper braucht. Dazu trinkst du, wenn du Durst hast.

Befasse dich mit Ernährung.

Nahrungsmittel enthalten Stoffe, die lebensnotwendig sind. Diese Stoffe werden Nährstoffe genannt. Verschiedene Nahrungsmittel haben unterschiedliche Nährstoffe. Zum Beispiel nimmt dein Körper aus der Karotte und aus dem Brot unterschiedliche Nährstoffe auf. Deshalb ist es wichtig, abwechslungsreich zu essen.

Trinken ist lebenswichtig
Ohne Wasser kannst du nicht leben. Dein Körper kann Wasser aus Getränken und aus festen Nahrungsmitteln gewinnen. Braucht der Körper mehr Wasser, meldet er es mit Durst. Wenn du trinkst, sobald du Durst hast, hat dein Körper immer genug Wasser.

1. Welche drei Nahrungsmittel und welches Getränk nimmst du mit auf eine Wanderung?
2. Erkläre, warum du diese Nahrungsmittel wählst.
3. Welche Getränke enthalten viel Zucker und sind deshalb weniger gesund?

Verdauung auf langer Strecke

Nachdem du die Nahrungsmittel gekaut und geschluckt hast, verarbeitet dein Körper sie noch weiter.

Dein Körper muss die Nährstoffe aus den Nahrungsmitteln herausholen. Damit dies gelingt, muss er sie zerkleinern. Das geschieht während der Verdauung. Die Verdauung läuft in mehreren Schritten ab.

Beobachte und beschreibe die Verdauung.

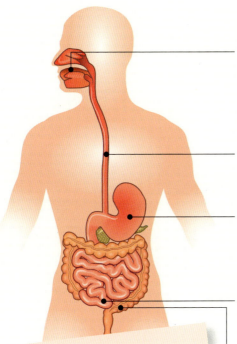

Die Verdauung

Mund
Mit den Zähnen zerkleinerst du die Nahrungsmittel. Der Speichel sorgt dafür, dass du die Nahrung besser schlucken kannst.

Speiseröhre
Die Speiseröhre transportiert den geschluckten Speisebrei in den Magen.

Magen
Der saure Magensaft löst den Speisebrei weiter auf, bis Nährstoffe daraus im Magen schwimmen.

Dünndarm
Im Dünndarm gelangen die Nährstoffe ins Blut. Das Blut verteilt die Nährstoffe im ganzen Körper, damit du sie brauchen kannst. Der Dünndarm ist bei dir übrigens rund 4 m lang!

Dickdarm
Nicht die ganzen Nahrungsmittel werden aufgelöst. Der Rest gelangt mit viel Wasser vermischt in den Dickdarm. Dort geht das Wasser aus dem Speisebrei in den Körper. Den Rest scheidest du als Kot aus.

1. Kaue ein paar Minuten lang ein Stückchen Brot. Was verändert sich? Was passiert mit dem Brotbrei?

2. Wenn du erbrechen musst, kommt Speisebrei aus dem Magen hoch. Erkläre, warum du den Brei als sauer empfindest.

3. Hast du auch schon Durchfall gehabt? Vermute, wie es zu Durchfall kommen kann.

Die Haut: Hülle aus drei Schichten

Die Haut bedeckt und schützt deinen Körper. Sie besteht aus drei Schichten, die verschiedene Aufgaben haben.

Untersuche die Haut.

1. Was siehst du, wenn du die Haut mit einer Lupe anschaust?

Die Haut schützt den Körper vor Verletzungen. Mit der Haut fühlst du. Und durch die Haut schwitzt du: Das kühlt den Körper.

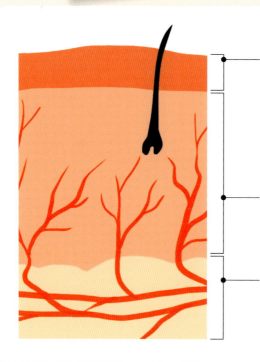

Die drei Hautschichten

Oberhaut
Die Oberhaut schützt dich vor Verletzungen. Scheint die Sonne, bildet sich in der Oberhaut ein brauner Stoff. Dieser schützt ein bisschen vor der Sonnenstrahlung. Das ist aber nicht genug, um einen Sonnenbrand zu verhindern!

Lederhaut
Mit der Lederhaut spürst du Schmerzen, Kälte, Hitze und Berührungen. Durch die Lederhaut fliesst Blut.

Unterhaut
Die Unterhaut enthält Fett. Sie schützt den Körper vor Kälte. Auch durch die Unterhaut fliesst Blut.

2. Du schneidest dich in den Finger. Es blutet. Welche Hautschichten hast du sicher verletzt?

3. Du spürst sofort, wenn dir jemand auf die Schulter tippt. Welche Hautschicht ist dafür verantwortlich?

4. Vielleicht bist du vor Aufregung auch schon errötet. Welche Hautschichten haben damit zu tun?

5. Betrachte deinen Arm von allen Seiten. Wo ist er dunkler, wo heller? Warum ist dies so?

Was tut gut?

Dein Körper braucht genügend Schlaf. Aber auch andere Dinge helfen, dass du gesund bleibst und dich wohlfühlst.

> Kenne Möglichkeiten, dein Wohlbefinden zu stärken.

Schlafen
Schlafen ist sehr wichtig. Dein Körper braucht Erholung. Nur wenn du dich beim Schlafen erholst, bleibst du gesund. Nicht alle Menschen brauchen gleich viel Schlaf.

Essen und Trinken
Dein Körper braucht Nährstoffe aus verschiedenen Nahrungsmitteln. Abwechslungsreich zu essen, ist wichtig. So darf es zwischendurch auch einmal etwas Süsses sein.

Bewegung
Bewegung bringt deinen Körper in Schwung und hält ihn fit. Es ist wichtig, dass du richtig ins Schnaufen kommst.

Freundschaften
Freundschaften helfen, dass du dich wohlfühlst. Sie haben auch einen Einfluss auf deinen Körper: Wenn du zufrieden bist, geht es dir besser.

1. Wähle einen der Texte aus. Erzähle, was du gestern dazu gemacht hast.
2. Lass dich von den Texten auf eine Idee bringen. Was tust du heute, das dir guttut?

Faszination Boden

Erkunde den Boden.

1. Was ist Boden für dich?
2. Welche Tiere leben im Boden?
3. Wie nutzen die Menschen den Boden?

Wie entsteht Boden?

Unsichtbar und sehr, sehr langsam entsteht Boden: Pflanzen und Tiere sterben ab, und Steine zerbrechen und zerbröseln.

Erkläre, wie sich Boden entwickelt.

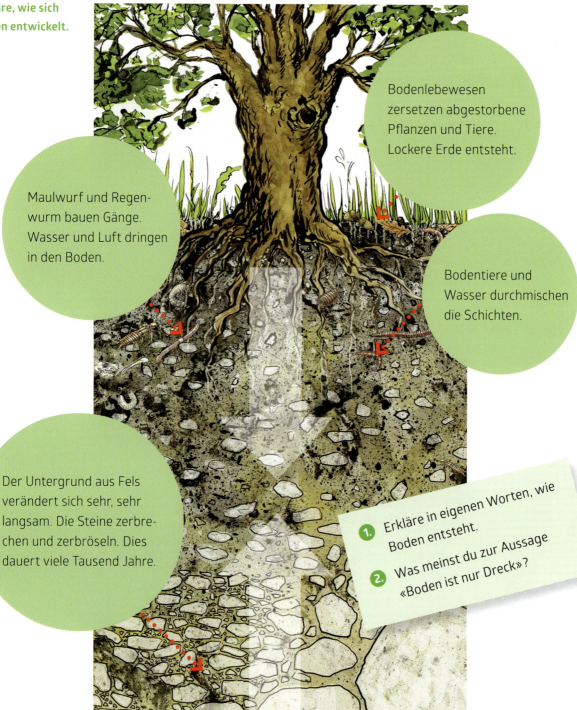

Bodenlebewesen zersetzen abgestorbene Pflanzen und Tiere. Lockere Erde entsteht.

Maulwurf und Regenwurm bauen Gänge. Wasser und Luft dringen in den Boden.

Bodentiere und Wasser durchmischen die Schichten.

Der Untergrund aus Fels verändert sich sehr, sehr langsam. Die Steine zerbrechen und zerbröseln. Dies dauert viele Tausend Jahre.

1. Erkläre in eigenen Worten, wie Boden entsteht.
2. Was meinst du zur Aussage «Boden ist nur Dreck»?

Uralt und geschichtet

Unterschiedliche Schichten bilden den Boden. Sie lassen sich jedoch nicht klar abgrenzen.

Untersuche die Bodenschichten.

Pflanzen

Oberboden
Hier leben viele Lebewesen. Abgestorbene Pflanzenteile und Tiere werden sofort von anderen Bodentieren zersetzt und abgebaut. So entsteht eine nährstoffreiche, lockere Erde. Diese wird Humus genannt. Die meisten Pflanzen brauchen Humus und Wasser zum Wachsen.

Unterboden
In dieser Zwischenschicht hat es kaum Leben. Im Übergang zum Untergrund zerbröselt das Gestein. Das Wasser sammelt sich in dieser Schicht.

1. In welcher Schicht leben am meisten Tiere? Vermute, warum.
2. Wo finden sich besonders viele Wurzeln?
3. In welcher Schicht gibt es vor allem Steine und Fels?

Untergrund
Die unterste Bodenschicht besteht aus Gestein. Je nach Boden können dies fester Fels oder Steine sein.

Lebensraum Boden

Der Boden ist ein Lebensraum wie der Wald oder die Wiese. Es wimmelt darin von sehr kleinen Bodentieren.

Lerne Bodentiere kennen.

Im Boden leben unzählige Tiere. Viele erkennt man nicht von blossem Auge. Fühler und Beine dieser Tiere sind an das Leben im Dunkeln bestens angepasst. Der Regenwurm zum Beispiel spürt die Erschütterungen des Bodens, wenn sich ein Maulwurf nähert und flüchtet deshalb an die Oberfläche.

Auch der Panzer oder das Fell sind an das Leben im Boden angepasst. Das Maulwurffell ist mit 200 Haaren auf der Fläche eines i-Pünktchens sehr dicht. So gelangt keine Erde auf die Haut.

1. Erstelle eine Liste und notiere darin zu jedem Bodentier die Anzahl Beine und schätze ihre Grösse.

- Bärtierchen
- Regenwurm
- Springschwanz
- Hornmilbe
- Engerling
- Hundertfüssler
- Kellerassel

Vom unsichtbaren Zusammenspiel

Pflanzen, Tiere und wir Menschen sind voneinander abhängig. Alle können nur wachsen und leben, wenn das Zusammenspiel funktioniert.

Erkenne Wechselwirkungen in der Natur.

Wenn es im Sommer lange nicht regnet, trocknet der Boden aus. Die Wiesenpflanzen haben kein Wasser mehr, das sie aufnehmen können, und sie vertrocknen. Die Kühe finden auf der Weide weniger zu fressen. Weil sie weniger und vor allem trockenes Gras finden, produziert ihr Körper weniger Milch.

Manchmal gibt es auf der Wiese viele Schermaushaufen. Die Erdhaufen im Gras ärgern den Bauern. Mit Erde vermischtes Gras fressen die Kühe nicht gerne. Den Fuchs freut es aber. Er fängt viele Mäuse und kann alle seine Jungen füttern. Die Jungen wachsen schnell und gehen bald selber auf Mäusejagd.

An diesen zwei Beispielen siehst du, wie vieles in der Natur zusammenspielt und verbunden ist, auch wenn du es nicht bewusst wahrnimmst. Diese Verbindungen, die zusammenspielen, werden Wechselwirkungen genannt.

1. Beschreibe die Wechselwirkungen mit eigenen Worten.
2. Fallen dir weitere solche Wechselwirkungen ein?
3. Was könnte das Zusammenspiel stören?

Boden ist verschieden

Bist du gestern auf einer Wiese oder auf einem Kiesplatz gestanden? Oder am Ufer eines Bachs? Der Boden ist an jedem dieser Orte verschieden.

Denke über verschiedene Böden nach.

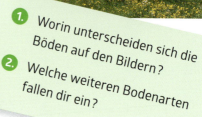
1. Worin unterscheiden sich die Böden auf den Bildern?
2. Welche weiteren Bodenarten fallen dir ein?

Mensch und Boden

Unser Leben findet auf und im Boden statt. Wir nutzen ihn für viele unserer Bedürfnisse. Dabei gehen wir mit dem Boden nicht immer achtsam um.

Lerne, den Boden zu achten.

Alle unsere Aktivitäten finden auf dem Boden statt. Der Boden ist deshalb wichtig für uns.

1. Wie nutzen wir den hier abgebildeten Boden?
2. Welche Probleme entstehen, wenn der Boden asphaltiert wird?
3. Was bedeutet es für den Boden, wenn er von schweren Maschinen zusammengedrückt wird?

Umwandlungen auf der Spur

Erkunde, was Energie alles möglich macht.

1. Wo siehst du Dinge, die sich bewegen?
2. Wieso bewegen sich diese Dinge?
3. Energie spielt immer eine Rolle, wenn sich etwas verändert. Wo siehst du solche Situationen?

Woran erkennt man Energie?

Energie sorgt immer dafür, dass sich etwas verändert. Energie kommt in bestimmten Formen vor.

Entdecke die verschiedenen Energieformen.

Ein Vogel, der fliegt, hat Bewegungsenergie. Ein Fisch, der schwimmt, hat auch Bewegungsenergie. Strahlen einer Kerzenflamme haben Energie. Das ist dann Strahlungsenergie.

1. Betrachte die Bilder und schreibe Sätze wie oben auf.
2. Wo kommen auf der vorangehenden Doppelseite diese Energieformen vor?
3. Zeichne eigene Situationen zu den Energieformen.

Energie · Umwandlungen auf der Spur

Was ist mit Energie möglich?

Wenn wir Energie nutzen, wird diese Energie von einer Form in eine andere umgewandelt. Wenn aus einer Energieform eine andere Energieform wird, nennt man das Energieumwandlung.

Erkunde, was eine Energieumwandlung ist.

Sabina saust die Rampe hinunter. Oben hat sie Lageenergie. Unten in der Rampe hat sie keine Lageenergie mehr. Sie ist aber sehr schnell. Jetzt hat sie Bewegungsenergie.

1. Welche Energieformen hat Sabina hier?

2. Sei eine Energiespürnase! Notiere, welche Energieform am Anfang vorhanden ist. Schreibe auf, in welche Energieform sie umgewandelt wird.

Beispiel: **Elektrische Energie** ➤ **Schallenergie**

Wie viel Energie hat ein Gummiball?

Ein Gummiball kann unterschiedlich viel Energie haben.

Jeder Gegenstand hat Energie. Auch wenn du ihn nicht bewegst. Bevor ein Gummiball fällt, hat er zum Beispiel Lageenergie.

Untersuche, wovon die Energie abhängt.

1. Wann hat ein springender Gummiball am meisten Energie? Was vermutest du?

2. Vergleiche deine Vermutung mit anderen Mitschülerinnen und Mitschülern.

3. Lass den Gummiball aus verschiedenen Höhen auf den Boden fallen, und miss mit dem Massband, wie hoch er nach dem Aufprall springt. Beschreibe, wo eine Energieumwandlung vorkommt.

Aus dieser Höhe habe ich den Gummiball fallen gelassen.	So hoch ist der Gummiball gesprungen.
Augenhöhe	
100 cm	96 cm
80 cm	
50 cm	
20 cm	

4. Mache eine solche Tabelle und trage die Resultate ein.

5. Was fällt dir auf?

Energie und Erwärmung gehören zusammen

Wenn ein Gegenstand erwärmt wird, braucht es dafür Energie. Je mehr Wärmeenergie ein Gegenstand hat, desto wärmer ist er. Kühlt der Gegenstand ab, hat er weniger Wärmeenergie.

Beobachte die Wirkung von Energie.

Die Bratwurst wird auf dem Holzkohlegrill erwärmt. Die Holzkohle liefert die Energie. Wenn die Bratwurst auf dem Teller liegt, kühlt sie wieder ab. Die Bratwurst hat dadurch weniger Energie.

1. Was passiert auf den Bildern?
2. Betrachte die drei Kreisbilder. Woher kommt die Energie?
3. Was verändert sich bei der Bettflasche, wenn sie wieder weniger Wärmeenergie hat?
4. Nenne eigene Beispiele, wo sich etwas erwärmt oder wo etwas abkühlt.

Batterie, Kabel und Schalter

Erforsche Stromkreise.

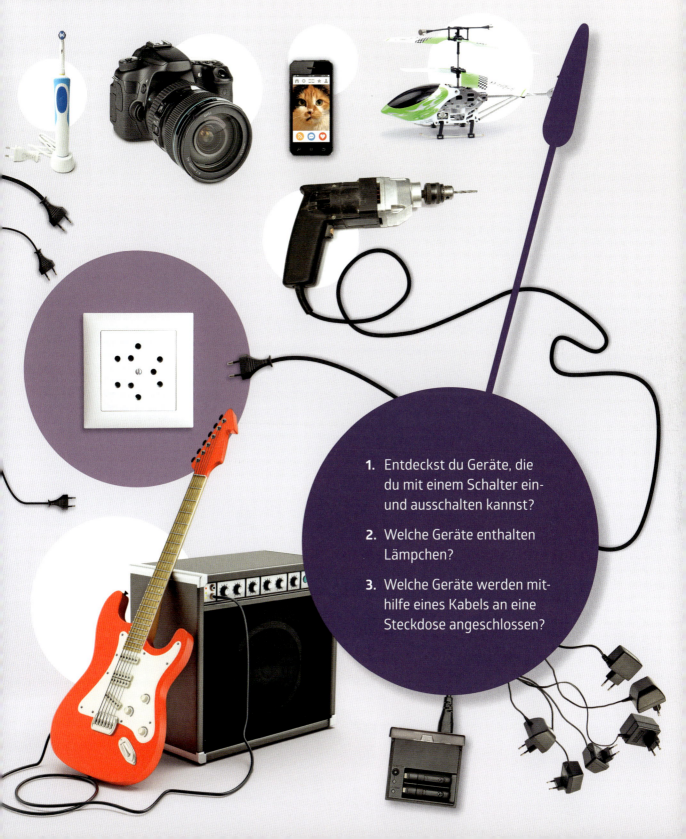

1. Entdeckst du Geräte, die du mit einem Schalter ein- und ausschalten kannst?
2. Welche Geräte enthalten Lämpchen?
3. Welche Geräte werden mithilfe eines Kabels an eine Steckdose angeschlossen?

Strom kann gefährlich sein

Sicherheitsregeln helfen dir, richtig mit elektrischem Strom umzugehen. Sie schützen dich vor einem Unfall.

Lerne wichtige Sicherheitsregeln kennen.

In der Schweiz sterben jedes Jahr rund 20 Menschen an einem Stromschlag. Meistens wissen die Menschen nicht, wie man sicher mit dem Strom umgehen muss. Daher ist es wichtig, dass du Sicherheitsregeln kennst. So kannst du dich schützen.

Trockene Geräte
Strom und Wasser sind zusammen besonders gefährlich. Ich greife nie nach nassen elektrischen Geräten.

Trockene Hände
Wasser kann den elektrischen Strom leiten. Ich trockne meine Hände immer ab, bevor ich ein elektrisches Gerät benutze.

Funktionierende Geräte
Kaputte Kabel oder Geräte sind gefährlich und können mich verletzen. Ich hole Hilfe und tausche kaputte Kabel und Geräte aus.

Batterien
Schalter, Steckdosen oder elektrische Geräte sind keine Spielzeuge! Für meine Experimente nutze ich immer Batterien!

1. Tim spielt in der Nähe der Hochspannungsleitung. Warum ist das gefährlich?
2. Kennst du noch mehr gefährliche Situationen aus deinem Alltag? Zeichne ein Bild.
3. Was machst du, damit eine Situation nicht gefährlich wird?

Wann leuchtet die Lampe?

Ein einfacher Stromkreis besteht aus einer Batterie, einer Lampe und aus Kabeln.

Eine Batterie und eine Lampe haben je zwei Anschlussstellen. Du siehst diese Anschlussstellen rechts abgebildet.
Die Lampe leuchtet, wenn du ihr Gewinde und ihr Kontaktplättchen mit dem Minuspol und dem Pluspol der Batterie verbindest. Dann ist der elektrische Stromkreis geschlossen.

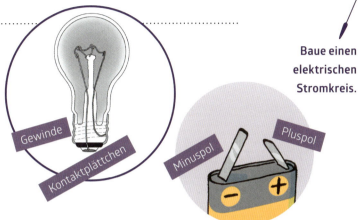

Baue einen elektrischen Stromkreis.

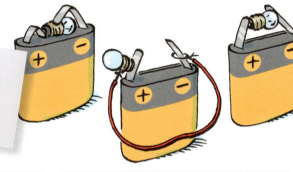

1. Wann leuchtet die Lampe auf den Zeichnungen?
2. Probiere es aus.

Einen Stromkreis bauen
Mithilfe dieser Dinge kannst du eine Lampe zum Leuchten bringen. Leuchtet eine Lampe, ist der Stromkreis geschlossen.

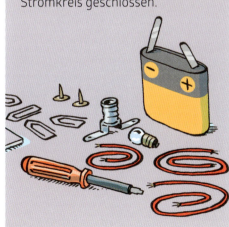

Mit Schaltern Stromkreise unterbrechen
Das Bild zeigt einen selber gebauten Schalter. Es gibt viele Möglichkeiten, selber Schalter zu bauen. Mit einem Schalter kannst du einen Stromkreis schliessen oder öffnen.

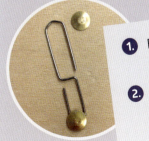

1. Baue einen eigenen Schalter.
2. Baue einen Stromkreis, um die Lampe mit dem Schalter ein- und auszuschalten.

Elektrizität · Batterie, Kabel und Schalter

Kennst du Schaltpläne?

Schaltzeichen in Schaltplänen sehen auf der ganzen Welt gleich aus. So weiss jeder, welche Bauteile ein Stromkreis hat.

Zeichne mit Schaltzeichen Schaltpläne.

Elektrikerinnen und Elektriker arbeiten mit Schaltplänen. Darauf sehen sie genau, wo eine Lampe oder auch ein Schalter eingebaut werden muss. Für jedes Bauteil im Stromkreis gibt es ein Schaltzeichen.

Schaltzeichen
- Batterie
- Kabel
- Glühlampe
- offener Schalter
- geschlossener Schalter

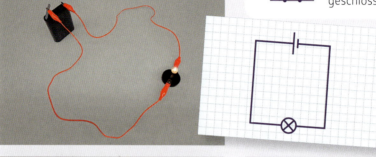

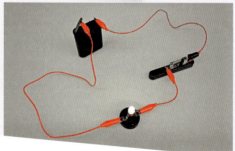

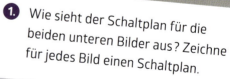

1. Wie sieht der Schaltplan für die beiden unteren Bilder aus? Zeichne für jedes Bild einen Schaltplan.

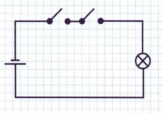

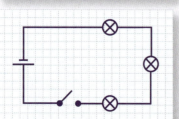

2. Kannst du diese Schaltpläne nachbauen? Untersuche, wann der Stromkreis geschlossen ist.

3. Was passiert, wenn du in der unteren Schaltung eine Lampe herausschraubst?

NaTech 3|4

Schaltungen gibt es überall

Ein Stromkreis besteht manchmal aus zwei oder mehr Lampen. Ist dies der Fall, gibt es verschiedene Schaltungen. Sie heissen Serieschaltung und Parallelschaltung.

Larissa, Tulu und Micha haben in der Garage eine Lichterkette gefunden. Als Micha den Stecker in die Steckdose steckt, leuchtet die Lichterkette. Da entdeckt Larissa, dass ein Lämpchen nicht leuchtet. Tulu fragt: «Warum ist das wohl so?»

Überprüfe Schaltungen.

Serieschaltung

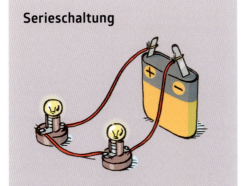

Beide Lampen sind hintereinander an der Batterie angeschlossen. Das nennt man eine Serieschaltung. Bei der Serieschaltung durchfliesst der elektrische Strom nacheinander beide Lampen. Leitet eine Lampe den Strom nicht weiter, ist der Stromkreis unterbrochen. Beide Lampen leuchten nicht.

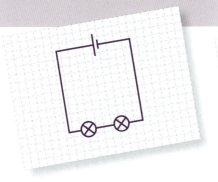

Parallelschaltung

Beide Lampen sind hier parallel zueinander an der Batterie angeschlossen. Das nennt man eine Parallelschaltung. Bei der Parallelschaltung teilt sich der elektrische Strom auf beide Lampen auf. Auch wenn eine Lampe nicht leuchtet, ist der andere Stromkreis noch geschlossen. Diese Lampe leuchtet.

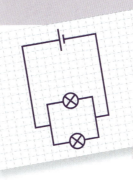

1. Finde heraus, ob die Lichterkette von Larissa, Tulu und Micha wie eine Parallelschaltung oder eine Serieschaltung aufgebaut ist.

Elektrizität · Batterie, Kabel und Schalter

—— ——— •—• ••• • —•

Früher konnte man nicht über weite Strecken miteinander sprechen. Ein Erfinder überlegte sich deshalb für jeden Buchstaben ein Zeichen. Die Zeichen ergeben zusammen Wörter und Sätze.

Lerne morsen.

Früher gab es kein Telefon und keine Handys. Die Menschen hatten keine Möglichkeit, über weite Distanzen miteinander zu sprechen. Der Amerikaner Samuel Morse hat das geändert: Er experimentierte fünf Jahre lang mit verschiedenen Schaltungen. Dann hatte er ein Gerät entwickelt, um Nachrichten über eine weite Strecke elektronisch zu verschicken. Dieses Gerät nennt man Morseapparat. Der Morseapparat übermittelt Buchstaben als kurze und lange Zeichen. Zwischen den Buchstaben wird eine Pause gemacht.

Samuel Morse

Morsealphabet

a	•—	o	———
ä	•—•—	ö	———•
b	—•••	p	•——•
c	—•—•	q	——•—
ch	————	r	•—•
d	—••	s	•••
e	•	t	—
f	••—•	u	••—
g	——•	ü	••——
h	••••	v	•••—
i	••	w	•——
j	•———	x	—••—
k	—•—	y	—•——
l	•—••	z	——••
m	——		
n	—•		

Verstanden •••—•
Schlusszeichen •—•—•

Geheimbotschaft

—••• •— •—•• —••
••• •• —•• •—••
•—•• • •—•• •• •— —•

1. Das ist eine Geheimbotschaft. Was heisst es?

2. Hast du auch Ideen, wie du Morsezeichen über lange Distanzen übertragen könntest?

Stromkreis und Wasserkreis

Du kannst nicht sehen, was in einem Stromkreis passiert. Damit du es dir besser vorstellen kannst, hilft dir der Wasserkreislauf dabei.

Damit elektrischer Strom fliessen kann, braucht man eine Batterie. Die Batterie ist der Antrieb für elektrischen Strom. Dabei werden Elektronen transportiert. Elektronen sind so klein, dass man sie nicht sehen kann.

Die Elektronen kommen vom Minuspol der Batterie. Sie fliessen durch den geschlossenen Schalter und durch die Lampe. Am Schluss sind sie beim Pluspol der Batterie. Wenn der Schalter geöffnet ist, dann ist der Stromkreis unterbrochen und kein Strom fliesst.

Verstehe Schaltungen.

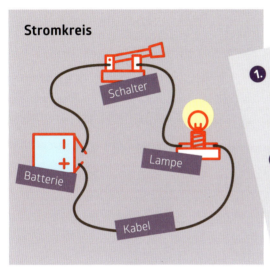

1. Der elektrische Stromkreis und der Wasserkreis haben viele Gemeinsamkeiten. Vergleiche die beiden Zeichnungen. Schreibe alles in eine Tabelle.
2. Was geschieht beim Wasserkreislauf, wenn du den Wasserhahn schliesst oder die Pumpe ausfällt?
3. Vergleiche: Welche Teile passen zusammen?

Vergleich: Welche Teile passen zusammen?

Stromkreis	Wasserkreis
Elektronen	Wasser
	Wasserrad

Wetter und Himmelskörper · NaTech 3|4

Sonne, Mond und Wolken

Erforsche Wetterphänomene und den Himmel.

1. Wetter kann ganz unterschiedlich sein. Welche Wetterereignisse erkennst du auf den Bildern?

2. «Wetterzeichen» können dir verraten, wie sich das Wetter ändert. Welche kennst du?

3. Was weisst du über den Mond am Nachthimmel?

Warm oder kalt?

Die Temperatur verändert sich im Tagesverlauf. Auch im Verlauf der Jahreszeiten verändert sich die Temperatur.

Miss Temperaturen.

Hast du dich auch schon gefragt, warum es an bewölkten Tagen kühler ist? An bewölkten Tagen kommt weniger Sonnenstrahlung auf die Erde. Deshalb ist es weniger warm. Nach dem Sonnenaufgang beginnt die Temperatur zu steigen. Am Nachmittag ist es oftmals am wärmsten. Wenn die Sonne gegen Abend verschwindet, wird es kühler.

1. Betrachte das Thermometer im Bild. Weisst du, was die roten und schwarzen Zahlen bedeuten?
2. Morin hat an zwei Tagen die Temperatur aufgeschrieben. Was stellst du fest, wenn du seine Notizen anschaust?

Miss die Temperatur immer im Schatten.

Ort der Messung: Feuerthalen
Gemessen von: Morin Zeller

Datum	Tageszeit	Temperatur (°C)	Notiz
25.5.	Morgen	9 °C	leicht bewölkt
	Mittag	23 °C	Sonne
	Abend	18 °C	Sonne geht unter
26.5	Morgen	11 °C	Sonne geht auf
	Mittag	24 °C	heiss, wenig Wolken
	Abend		
27.5			

Können Wolken Wetterboten sein?

Wolken können aussehen wie Federn, wie Watte oder einfach nur wie eine graue Wand. Die verschiedenen Wolken haben Namen und geben Hinweise, wie sich das Wetter entwickelt.

Unterscheide und benenne Wolken.

1. Beobachte den Himmel. Was siehst du? Sieht der Himmel überall, wo du hinschaust, gleich aus?
2. Verändert sich etwas während deiner Beobachtung? Was?
3. Erzähle von eigenen Wolkenbeobachtungen und Erlebnissen.

Wolken sind Millionen kleinste Wassertröpfchen oder Eiskristalle, je nach Höhe und Temperatur.

Cirrus- oder Federwolke
Cirren schweben sehr hoch am Himmel. Sie sind schleierartig und faserig. Besonders gut kann man sie bei schönem Wetter beobachten.

Altocumulus- oder Schäfchenwolke
Du beobachtest an einem Sommermorgen einzelne Altocumulus. Gewisse Altocumulus-Arten können ein Zeichen sein, dass es bis am Abend wahrscheinlich Gewitter oder Schauer gibt.

Nimbostratus- oder Regenwolke
Nimbostratus sind die eigentlichen Regenwolken. Diese Wolken hängen tief. Manchmal verwehren sie dir in den Bergen sogar die Sicht. Dichter Nimbostratus verheisst anhaltendes Regenwetter.

Von Regen und Schnee

Niederschlag ist Wasser, das als Regen oder Schnee auf die Erde fällt.

Befasse dich mit Regen und Schnee.

Ob Wasser als Regen oder Schnee auf die Erde fällt, ist von der Lufttemperatur abhängig. Im Winter ist die Luft kalt. Eiskristalle kleben aneinander und schweben als Schnee auf die Erde. Steigt die Lufttemperatur, tauen die Eiskristalle zwischen Wolke und Erde. Es regnet.

1. Erzähle von Erlebnissen mit Regen und Schneefall: Wo warst du, und wie kalt war es?

Hast du schon einmal eine Schneeflocke aus der Nähe oder mit einer Lupe angeschaut? Eine Schneeflocke besteht aus ineinander verzahnten Schneekristallen. Diese haben immer sechs Ecken. Die Formen und Grössen von Schneeflocken und Schneekristallen sind sehr unterschiedlich. Welche Form entsteht, ist von der Temperatur, der Feuchtigkeit und dem Wind abhängig.

2. Zeichne Schneekristalle. Was für Merkmale haben sie?

Wind – bewegte Luft

Flatternde Fahnen, drehende Windräder oder ein Rauschen von den Bäumen: Das sind Zeichen, dass es windet.

Beobachte den Wind und seine Wirkung.

1. Erzähle von Erlebnissen und Beobachtungen mit dem Wind.
2. Wie kannst du den Wind beobachten?
3. Hast du den Wind schon einmal genutzt? Wie und wozu?
4. Welche Bedeutung hat der Wind auf den Bildern?

Wie wird es Tag und Nacht?

Die Sonne beleuchtet immer nur einen Teil der Erde. Weil die Erde sich dreht, gibt es Tag und Nacht.

Befasse dich mit Tag und Nacht.

Am Tag ist es hell, und in der Nacht ist es dunkel. Warum eigentlich? Die Erde dreht sich in 24 Stunden einmal um sich selbst. Dabei beleuchtet die Sonne immer nur einen Teil der Erdkugel. Dort ist es Tag. Der andere Teil der Erde liegt im Schatten. Dort ist es Nacht.

1. Betrachte die Bilder. Woher scheint die Sonne?
2. Zeige die Grenze zwischen Tag und Nacht.

Leuchtet der Mond?

Die Form des Mondes verändert sich. Doch das scheint nur so. Es ist das Licht der Sonne, das den Mond verschieden aussehen lässt.

Hast du auch schon darüber nachgedacht, ob der Mond selbst leuchtet? Er leuchtet nicht! Es ist die Sonne, die ihn anstrahlt. Je nachdem, woher die Sonne strahlt, sieht der Mond für uns anders aus.

Beobachte den Mond.

1. Betrachte die Bilder. Woher scheint die Sonne auf den Mond? Erkläre, was du dir überlegst.

Woher kommt der Mond?

Vor ungefähr 4 Milliarden Jahren passierte auf der Erde Bewegendes: Die Erde war noch eine glühende Gesteinskugel. Ein anderer Planet streifte sie. Es war ein gewaltiger Zusammenstoss. Grosse Bruchstücke der Erde wurden ins All geschleudert. Diese Bruchstücke und die Reste des anderen Planeten bildeten den Mond.

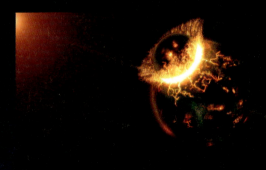

1. Wie kommt es, dass der Mond auch Material von der Erde enthält?

Du bist, wer du bist

Was machst du gerne? Was machst du nicht gerne? Was interessiert dich? Verschiedene Menschen antworten auf diese Fragen unterschiedlich.

Denke über deine Fähigkeiten und Wünsche nach.

Maurice tanzt sehr gerne und träumt davon, Balletttänzer zu werden.

Tina dribbelt fürs Leben gerne. Sie ist eine gute Stürmerin.

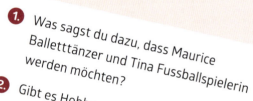

Fiona interessiert sich für Traktoren und Mähdrescher. Wenn sie auf dem Mähdrescher mitfahren kann, ist sie überglücklich.

Fabio hilft beim Misten und Putzen der Pferde. Einmal in der Woche darf er auf dem Pferd reiten. Darauf freut er sich immer sehr.

1. Was sagst du dazu, dass Maurice Balletttänzer und Tina Fussballspielerin werden möchten?
2. Gibt es Hobbys, die typisch für Jungen oder typisch für Mädchen sind?
3. Was kannst du besonders gut, und was machst du gerne?
4. Wie haben sich deine Interessen und Hobbys in letzter Zeit verändert?

Älter und selbstständig werden

Du wächst nicht nur, dein Körper verändert sich auch. Je älter du bist, desto selbstständiger wirst du. Du übernimmst auch immer mehr Verantwortung für deinen Körper.

Lerne deinen Körper und dich selber besser kennen.

1. Welche Unterschiede kennst du zwischen dem Körper eines Jungen und eines Mädchens?
2. Was weisst du über die unterschiedliche Entwicklung der Körper vom Jungen zum Mann und vom Mädchen zur Frau?
3. Welche Themen zum Älterwerden möchtest du mit deinen Eltern oder anderen Erwachsenen besprechen?
4. Besprich mit deinen Eltern, in welchen Bereichen du selbstständiger geworden bist.

Keimlinge, Samen und Tiere

Gewinne Einblick in die Entwicklung von Pflanzen und Tieren.

1. Wo siehst du Dinge, die am Wachsen sind?
2. Häuser und Pflanzen können wachsen. Wie tun sie dies? Was ist der Unterschied?
3. Vermute: Wie sieht diese Landschaft in einigen Jahren aus?

Wie keimt ein Samen?

Samen können lange ruhen. Sie brauchen die richtigen Bedingungen, um zu keimen.

Beobachte die Keimung.

Samen gibt es draussen in der Natur. Viele Samen sind für uns wichtige Nahrungsmittel.

1. Welche der drei Lebensmittel sind Samen? Vermute und begründe.
2. Wie könntest du herausfinden, ob die Lebensmittel Samen sind?

Erbsen

Kichererbsen

Linsen

Der Samen enthält bereits alle Anlagen, welche die Pflanze zum Wachsen braucht. Die Keimung wird durch Wasser, Wärme und Licht ausgelöst. Sie geschieht bei allen Samen ähnlich.

1. Überlege: Warum wächst die Wurzel zuerst?
2. Vergleiche die Keimung des Kürbiskerns und die der Bohne. Was ist gleich? Was ist verschieden?

Kürbiskern

Bohne

Wie Pflanzen sich verbreiten

Verwurzelte Pflanzen können sich nicht fortbewegen. Pflanzen erobern neue Gebiete mit ihren Samen.

Erkunde die Verbreitung von Samen.

Bereits eine feine Berührung lässt die reife Kapsel platzen. Die Samen werden weit weggeschleudert. So verbreitet sich das Springkraut.

Nüsse sind Samen. Sie sind schwer und fallen zu Boden. Eichhörnchen oder Vögel sammeln diese Nüsse als Wintervorrat und verstecken sie. Wenn sie ihre Verstecke vergessen, kann am neuen Ort ein neuer Baum keimen und wachsen. Der Nussbaum verbreitet sich so.

Samen werden vom Wind an neue Orte geweht. Dank ganz feiner Härchen oder Propeller reicht dazu ein Windhauch. Der Ahornbaum und der Löwenzahn verbreiten sich so.

Beeren enthalten Samen. Vögel fressen die Beeren und verdauen sie. Mit dem Kot landen die Samen an einem anderen Ort. Der Kot ist für die Samen zugleich Dünger. Der Kirschbaum verbreitet sich so.

1. Gibt es noch andere Verbreitungsarten?

Mit Häkchen haften sich Samen an das Fell von Tieren. Die Tiere tragen die Samen mit. Irgendwo werden die Samen abgestreift. Die Klette verbreitet sich auf diese Weise.

Insekten und Blüten sind ein Team!

Viele Pflanzen brauchen Insekten, damit sie Samen bilden können. Deshalb locken sie mit ihren Blüten Insekten an. Die Insekten saugen Nektar. Sie tragen Pollen von Blüte zu Blüte. Das wird Bestäubung genannt. Diese ist nötig, damit neue Samen entstehen können.

Entdecke die Entwicklung einer Frucht.

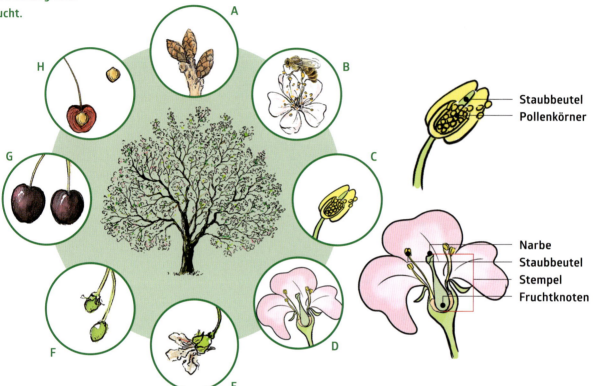

A Blütenknospen
Im Frühling entwickeln sich die Knospen des Kirschbaums zu Blättern und Blüten.

B Blüten
Blüten locken mit ihren Farben und ihrem Duft Insekten an. Die Pflanzen brauchen Insekten: Mit ihrer Hilfe werden sie bestäubt und können Samen bilden.

C Pollenkörner
Insekten fliegen von Blüte zu Blüte. Pollenkörner aus den Staubbeuteln bleiben an den Insekten haften.

D Bestäubung
Bleiben Pollenkörner auf der Narbe der nächsten Blüte kleben, hat das Insekt die Blüte bestäubt. Die Pollenkörner wachsen nun zum Fruchtknoten. Ein Pollenkorn befruchtet diesen. Narbe und Fruchtknoten zusammen heissen Stempel.

E Wachstum
Nach der Befruchtung wächst der Fruchtknoten in der Blüte.

F Fruchtknoten
Im Fruchtknoten entwickeln sich die Samen. Sie reifen in einer Frucht.

G Kirschen
Die reifen Kirschen locken mit ihren Farben Vögel an.

H Kirschensamen
In der reifen Kirsche hat es einen Stein. Das ist ein Kirschensamen. Aus ihm kann ein Kirschbaum keimen.

Die ersten Sonnenstrahlen nutzen!

Narzissen und Schneeglöckchen blühen, sobald der Schnee geschmolzen ist. In ihren Zwiebeln sind Stängel, Blätter und Blüten bereit.

Pflanzen, die so früh im Jahr blühen wie das Schneeglöckchen, werden Frühblüher genannt. Frühblüher haben vor allem im Wald Vorteile. Die Bäume haben noch keine Blätter. Die Sonne scheint auf die Frühblüher. Sie wachsen schnell und werden von den ersten Insekten bestäubt.

Untersuche Frühblüher.

Die Blütenzwiebel

Schneeglöckchen und Narzissen überwintern als Zwiebel.

Blätter
Die Blätter sind als Schichten erkennbar.

Blüten
Im Zentrum sind die Blüten bereit.

Zwiebelschale
Die äusserste Zwiebelschale schützt die Zwiebel vor dem Austrocknen.

Wurzel
Die Wurzeln verankern die Pflanze im Boden und nehmen Wasser auf.

Andere Frühblüher überwintern mit wenigen Blättern dicht auf dem Boden. Diese Wuchsform heisst Rosette. Stängel und Blüten wachsen, sobald der Schnee weg ist. Schlüsselblumen überwintern als Rosette.

1. Kennst du andere Frühblüher?
2. Welche Vorteile haben Frühblüher im Wald?
3. Frühblüher sind angepasst an das Leben im Wald. Welche anderen Anpassungen von Tieren und Pflanzen an ihren Lebensraum kennst du?

Wie entwickeln sich Bienen?

Die Bienen bauen in den Waben Kammern für die Eier. In diesen Kammern erfolgt die Metamorphose der Bienenlarven.

Entdecke die Entwicklung bei Bienen.

1. Wachsen die Bienen nach dem Schlüpfen?
2. Beschreibe in eigenen Worten, was sich während der Metamorphose bei der Biene verändert.
3. Kennst du andere Tiere, die eine Metamorphose machen?
4. Junge Bienen entwickeln sich in einer Wabe. Kennst du andere Orte, wo Junge sich entwickeln? Denke an Frösche, Kängurus oder Menschen.

Bienen entwickeln sich in der Dunkelheit. Die Bienenkönigin legt Eier in Kammern. Auf dem Bild siehst du die Eier: Sie sehen aus wie weisse Stäbchen.

Aus den Eiern schlüpfen Larven. Die Bienen füttern die Larven mit Pollen und Futtersaft von Blüten. Auf dem Bild siehst du in den Wabenzellen die gelben Pollen und die weissen Larven. Sind die weissen Larven gross genug, bauen die Bienen einen Deckel über die Kammer. Die dunklen Kammern auf dem Bild sind leer.

In der zugedeckten Kammer verwandelt sich die Larve zu einer Biene. Diese Verwandlung heisst Metamorphose. Nach der Metamorphose schneidet die Biene den Deckel auf und schlüpft.
Bienen sehen nach dem Schlüpfen genau so aus, wie du sie kennst. Sie sind bereits ausgewachsen.

Entwicklung · Keimlinge, Samen und Tiere

Umsorgt oder alleine gelassen

In der Tierwelt gibt es Eltern, die sich lange um ihre Jungtiere kümmern. Andere Eltern sorgen nicht für ihre Jungen.

Erfahre, wie Tiere sich um ihre Jungen sorgen.

Das Tagpfauenauge
Das Tagpfauenauge legt mehrere Hundert Eier. Es kümmert sich nicht um die Jungen.

Die Amsel
Die Amsel legt drei bis fünf Eier.

Die Eltern kümmern sich um die Jungen. Sie brüten die Eier zwei Wochen lang aus und füttern die Jungen während zweier Wochen.

Das Schaf
Schafe gebären meistens ein oder zwei Lämmchen, selten Drillinge. Lämmchen ernähren sich während einiger Monate von der Muttermilch.

1. Was tut das Tagpfauenauge, damit möglichst viele Jungtiere überleben?
2. Wie sorgt die Amsel dafür, dass die Jungen überleben?
3. Die Amsel und das Schaf haben wenig Junge. Was machen sie anders als das Tagpfauenauge?

Bild- und Quellenverzeichnis

UMSCHLAG
oben links nach unten: © by-studio/Fotolia, © Ayvengo/Fotolia, © emer/Fotolia, © Inok/Fotolia, © Marion González, © dule964/Fotolia, © THPStock/Fotolia, © Roman Ivaschenko/Fotolia, © unpict/Fotolia, © juefraphoto/Fotolia, © Barbara Pheby/Fotolia

STOFFE
Seite 6 oben nach unten: © Francesco Scatena/Fotolia, © M. Schuppich/Fotolia, © Richard Villalon/Fotolia, © MARIMA/Fotolia, © bpstocks/Fotolia, © M. Schuppich/Fotolia, © TinPong/Fotolia, © M. Schuppich/Fotolia, © tanyasid/Fotolia, © Petr Malyshev/Fotolia, © M. Schuppich/Fotolia, © pico/Fotolia, © shellystillphoto/Fotolia, © Fiedels/Fotolia, © LinieLux/Fotolia, © Bert Folsom/Fotolia, © illustrez-vous/Fotolia, © art9858/Fotolia **Seite 7** oben nach unten: © illustrez-vous/Fotolia, © unclepodger/Fotolia, © Nik_Merkulov/Fotolia, © antpkr/Fotolia, © Björn Wylezich/Fotolia, © blackday/Fotolia, © taborsky/Fotolia, © Swapan/Fotolia, © Ian 2010/Fotolia, © Schlierner/Fotolia, © fotozick/Fotolia, © art9858/Fotolia, © M. Schuppich/Fotolia, © PRILL Mediendesign/Fotolia **Seite 8** Mitte links nach unten rechts: © dima_pics/Fotolia, © fablok/Fotolia, © thongsee/Fotolia, © euthymia/Fotolia, © Africa Studio/Fotolia, © ADDICTIVE STOCK/Fotolia, © constantinos/Fotolia, © thodonal/Fotolia **Seite 9** unten rechts: © Mariusz Blach/Fotolia **Seite 10** oben rechts: © adimas/Fotolia, unten links nach unten rechts: © Buriy/Fotolia, © Markus Mainka/Fotolia, © Africa Studio/Fotolia **Seite 11** oben rechts (im Kreis): © keantian/Fotolia, © dule964/Fotolia (Hintergrund), unten links: © ri8/Fotolia

TECHNIK
Seite 12 oben rechts nach unten: © Empa, © Thomas Otto/Fotolia, © Empa, © santosha57/Fotolia, © weseetheworld/Fotolia **Seite 13** Mitte: © Gaby Schweizer **Seite 14** oben links nach unten rechts: © Jeanette Dietl/Fotolia, © torsakarin/Fotolia, © dima_pics/Fotolia, © vladstar/Fotolia, © Sibylle/Fotolia, © volff/Fotolia **Seite 15** Mitte links: © Konstanze Gruber/Fotolia, Mitte rechts: Urs Meier, Empa **Seite 16** Mitte unten: KEYSTONE/INTERFOTO/Barbarella, unten rechts: © Heathcliff O'Malley Photography **Seite 17** oben links: © imstock/Fotolia, unten links nach rechts: © grafikplusfoto/Fotolia, © pit24/Fotolia, © Stocksnapper/Fotolia

SINNE
Seite 20 oben rechts: © Alekss/Fotolia, Mitte links nach rechts: © Adi Ciurea/Fotolia, © hkuchera/Fotolia, © patila/Fotolia, © pelooyen/Fotolia, unten links: © svetlanarr/Fotolia **Seite 21** Mitte links: © Elena Stepanova/Fotolia, unten links nach rechts: © robertharding/Fotolia, © schankz/Fotolia, © Sandner.Bernhard/Fotolia, © byrdyak/Fotolia **Seite 22** Mitte links: © Birgit Reitz-Hofmann/Fotolia, Mitte rechts: © Aleksandr Lesik/Fotolia, unten links nach rechts: © pongsak1/Fotolia, © ArtHdesign/Fotolia, © Manfred Weichselbaum/Fotolia, © awfoto/Fotolia, © rdnzl/Fotolia **Seite 23** oben links nach unten rechts: © marmoset/Fotolia, © nvelichko/Fotolia, © bill_17/Fotolia, © nn-fotografie/Fotolia

KÖRPER
Seite 24/25 (Hintergrund): © portishead5/Fotolia **Seite 26** (Hintergrund): © barameefotolia/Fotolia, Mitte links nach unten rechts: © Julian Weber/Fotolia, © djama/Fotolia, © rdnzl/Fotolia, © Tim UR/Fotolia, © nothingbutpixel/Fotolia, © tunedin/Fotolia, © pioneer111/Fotolia, © max dallocco/Fotolia, © Stockfotos-MG/Fotolia, © Tim UR/Fotolia, © sektor52/Fotolia, © stockphoto-graf/Fotolia, © Tim UR/Fotolia, © BillionPhotos.com/Fotolia, © beugdesign/Fotolia **Seite 27** Mitte links: © La Gorda/Fotolia **Seite 29** oben nach unten: © Konstantin Yuganov/Fotolia, © Floydine/Fotolia, © Robert Kneschke/Fotolia, © highwaystarz/Fotolia

VIELFALT
Seite 34 oben rechts nach unten links: KEYSTONE/SCIENCE PHOTO LIBRARY/EYE OF SCIENCE, © Valentina R./Fotolia, KEYSTONE/SCIENCE PHOTO LIBRARY/EYE OF SCIENCE, © Klaus Eppele/Fotolia, © Rob Stark/Fotolia, KEYSTONE/SCIENCE PHOTO LIBRARY/EYE OF SCIENCE, © emer/Fotolia **Seite 36** oben links nach Mitte unten: © blende11.photo/Fotolia, © Kalle Kolodziej/Fotolia, © Gina Sanders/Fotolia, © Robert Schneider/Fotolia, © Martina Berg/Fotolia, © Bruno Bachmann, © by-studio/Fotolia **Seite 37** oben links nach unten rechts: © by-studio/Fotolia, © Peter Heimpel/Fotolia, © Dusan Kostic/Fotolia, © ChiccoDodiFC/Fotolia, © by-studio/Fotolia, © pingebat/Fotolia, © Schlierner/Fotolia

ENERGIE
Seite 40 oben rechts nach unten links: © eugenesergeev/Fotolia, © Jürgen Hüls/Fotolia, © Ramona Heim/Fotolia, © Alena Ozerova/Fotolia, © Kitty/Fotolia, © bramgino/Fotolia, © Vaceslav Romanov/Fotolia **Seite 43** oben rechts nach Mitte unten: © Alexander Raths/Fotolia, © Markus Bormann/Fotolia, © Dmitry_Evs/Fotolia, © Janis Smits/Fotolia

ELEKTRIZITÄT
Seite 44 oben links nach unten rechts: © Boggy/Fotolia, © kevma20/Fotolia, © L. Klauser/Fotolia, © Jon Le-Bon/Fotolia, © bloomline/Fotolia, © art_zzz/Fotolia, © fotomatrix/Fotolia, © Sinuswelle/Fotolia, © vladimirfloyd/Fotolia, © by-studio/Fotolia, © foxyxof/Fotolia, © destina/Fotolia, © Petr Malyshev/Fotolia, © janvier/Fotolia, © amphotolt/Fotolia, © 3dmavr/Fotolia **Seite 45** oben links nach unten rechts: © Popova Olga/Fotolia, © stockphoto-graf/Fotolia, © fad82/Fotolia, © studioDG/Fotolia, © michaklootwijk/Fotolia, © terex/Fotolia, © destina/Fotolia, © Winai Tepsuttinun/Fotolia, © photosil/Fotolia **Seite 47** unten rechts, **Seite 48**: Pädagogische Hochschule Zürich **Seite 50** oben rechts: © Georgios Kollidas/Fotolia, unten rechts: U.S. Navy/Tucker M. Yates

WETTER UND HIMMELSKÖRPER
Seite 52/53 (Hintergrund links nach rechts): © Eric Nordas/Fotolia, © Pakhnyushchyy/Fotolia, © Gina Sanders/Fotolia **Seite 54** oben links: © RAM/Fotolia **Seite 55** Mitte links nach unten: © HaiGala/Fotolia, © Petr Malyshev/Fotolia, © ril/Fotolia **Seite 56** oben links nach unten: © Brian Jackson/Fotolia, © trendobjects/Fotolia, (Schneekristalle) © kichigin19/Fotolia **Seite 57** oben links nach unten links: © dima266f/Fotolia, © firstflight/Fotolia, © mahey/Fotolia, © animaflora/Fotolia, © Daniel Hohlfeld/Fotolia **Seite 58** Mitte links nach rechts: © sdecoret/Fotolia, © Jörg Vollmer/Fotolia, © aleciccotelli/Fotolia **Seite 59** (Mondphasen): © dlognord/Fotolia, unten rechts: Fahad Sulehria, www.novacelestia.com

IDENTITÄT
Seite 62 Mitte oben nach unten rechts: © Andrey Bandurenko/Fotolia, © Monkey Business/Fotolia, © folio_images_99/Fotolia, © nyul/Fotolia **Seite 63** oben nach unten: © Wavebreak Media/Fotolia, © Alena Ozerova/Fotolia, © Rido/Fotolia

ENTWICKLUNG
Seite 66 Mitte links nach rechts: © robert6666/Fotolia, © photocrew/Fotolia, © joanna wnuk/Fotolia, unten links: © brozova/Fotolia, unten rechts: © dule964/Fotolia **Seite 67** oben links nach unten rechts: © Stefan Eggenberg, © doris oberfrank-list/Fotolia, © nataba/Fotolia, © M. Schuppich/Fotolia, © taviphoto/Fotolia, © Carmen Steiner/Fotolia **Seite 69** oben rechts: © designpicspremium/Fotolia, Mitte links: © unpict/Fotolia, © Fotoimpressionen/Fotolia **Seite 70** oben rechts nach Mitte unten: © MARIMA/Fotolia, © Dragisa Savic/Fotolia, © The physicist/Fotolia, © reluk/Fotolia **Seite 71** oben links nach Mitte unten: © michilist/Fotolia, © Martin Albrecht, Bolligen, © stylefoto24/Fotolia, © thomaslenne/Fotolia, © gebut/Fotolia, © ordinary042/Fotolia

Nicht in allen Fällen war es dem Verlag möglich, den Rechteinhaber ausfindig zu machen. Berechtigte Ansprüche werden im Rahmen der üblichen Vereinbarungen abgegolten.

FAIR KOPIEREN! URHEBERRECHT ACHTEN.
www.fair-kopieren.ch